I0454359

Comment gagner de l'argent en étant assis sur votre chaise devant le PC

Contenu

Génération d'argent en ligne

Le sourcing sur le Web, également appelé gagner de l'argent sur Internet, fait référence au moyen le plus courant de gagner de l'argent grâce à diverses activités et à de précieuses portes ouvertes sur Internet. Il est devenu de plus en plus populaire et disponible à l'ère informatisée d'aujourd'hui. Voici quelques façons clés pour les particuliers de gagner de l'argent en ligne :

Qu'est-ce qui est autorisé avec le contenu ?

Autoriser le contenu est un plan légitime qui accorde à une partie l'autorisation d'utiliser le contenu d'une autre partie dans le cadre de certains accords. Ce contenu peut couvrir un large éventail de médias, notamment du texte, des images, des enregistrements, de la musique, des programmes, et ce n'est que le début. La partie qui revendique la substance, appelée donneur de licence, accorde au preneur de licence la possibilité d'utiliser sa substance, généralement moyennant des frais, en fixant les limites dans un accord autorisé.

Éléments clés de l'autorisation de contenu :

Présentation du contenu : le contenu doit être présenté clairement, avec l'ordre, le titre et toutes les métadonnées applicables spécifiées. Cela garantit que les deux joueurs voient exactement ce qui est autorisé.

Extension de permission : Ceci caractérise le degré de liberté accordé. Il peut s'agir d'une élite, qui accorde la seule liberté au titulaire de la licence, ou d'une non-sélection, qui permet à différents groupes d'utiliser la substance en même temps.

Durée : La durée de l'approbation doit déterminer la durée pendant laquelle la substance peut être utilisée. Il peut s'agir d'une utilisation solitaire, d'une période de temps déterminée (par exemple un an) ou d'une utilisation infinie.

Privilèges régionaux : cette partie détermine où la substance peut être utilisée. Il peut très bien s'agir d'une transmission locale, mondiale ou mondiale.

Compensation : les propriétaires de contenu décident de la manière dont ils seront rémunérés pour l'utilisation de leur contenu. Cela peut inclure des frais ponctuels, des souverainetés récurrentes ou d'autres structures de paiement échelonné.

Restrictions d'utilisation : les accords d'autorisation fixent souvent des restrictions sur l'utilisation de la substance. Ces restrictions peuvent inclure des modifications, des réaffectations ou des sous-licences.

Droits d'auteur et propriété : l'accord doit préciser le statut de droit d'auteur du contenu et confirmer que le concédant de licence a le droit légitime de l'autoriser.

Déclaration finale : Ce cadre précise les circonstances dans lesquelles le contrat d'autorisation peut être résilié et protège les deux acteurs en cas de débats ou de perturbations.

3. Types d'accords d'approbation de contenu :

A. Autorisation sélective : accorde au titulaire de la licence des privilèges d'élite, ce qui signifie qu'aucune autre partie ne peut utiliser la substance pendant la période d'autorisation.

B. Permis non-élite : permet à plusieurs titulaires de licence d'utiliser la substance en même temps, bien que le fabricant de la substance ne l'autorise souvent que pour quelques rassemblements.

. Autorisation perpétuelle : donne au titulaire de la licence une liberté illimitée sur la substance tant qu'il accepte les conditions convenues.

D. Autorisation d'utilisation unique : accorde au titulaire de licence l'utilisation de la substance pour un cas individuel ou une tâche ou mission spécifique.

e. Autorisation sans souveraineté : permet au titulaire de licence d'utiliser la substance sans paiements de souveraineté répétés. Ils paient généralement une redevance unique pour l'utilisation de la substance.

4. Sécurité du contenu grâce à des accords d'autorisation :
Les créateurs de contenu peuvent protéger leur travail grâce à des accords d'autorisation en établissant des accords clairs et approfondis. En précisant les restrictions d'utilisation, en vérifiant la cohérence et en enregistrant leurs droits d'auteur auprès des spécialistes concernés, les fabricants peuvent renforcer leur position juridique.

5. Activités utilisant du contenu, lorsque cela est autorisé :

Lorsque le contenu est autorisé, il est utilisé dans diverses industries, notamment la distribution, les médias et le divertissement, la publicité, la photographie d'archives, la programmation et l'innovation. Il joue un rôle important dans ces domaines en permettant l'utilisation légitime des ressources créatives.

En résumé, la diffusion de contenu est un élément essentiel de l'entreprise de création et de diffusion. Comprendre ses subtilités et ses complexités est fondamental pour les créateurs et les distributeurs de contenu, car cela leur permet de partager leur travail tout en gardant le contrôle de son utilisation, en protégeant leurs privilèges et en générant des revenus grâce à leurs publications.

11

AUTO-ÉDITION

3. Types d'accords d'approbation de contenu :

A. Autorisation sélective : accorde au titulaire de la licence des privilèges d'élite, ce qui signifie qu'aucune autre partie ne peut utiliser la substance pendant la période d'autorisation.

B. Permis non-élite : permet à plusieurs titulaires de licence d'utiliser la substance en même temps, bien que le fabricant de la substance ne l'autorise souvent que pour quelques rassemblements.

C. Autorisation perpétuelle : donne au titulaire une liberté illimitée sur la substance tant qu'il accepte les conditions convenues.

D. Autorisation d'utilisation unique : accorde au titulaire de licence l'utilisation de la substance pour un cas individuel ou une tâche ou mission spécifique.

e. Autorisation sans souveraineté : permet au titulaire de licence d'utiliser la substance sans paiements de souveraineté répétés. Ils paient généralement une redevance unique pour l'utilisation de la substance.

4. Sécurité du contenu grâce à des accords d'autorisation :
Les créateurs de contenu peuvent protéger leur travail grâce à des accords d'autorisation en établissant des accords clairs et approfondis. En précisant les restrictions d'utilisation, en vérifiant la cohérence et en

enregistrant leurs droits d'auteur auprès des spécialistes concernés, les fabricants peuvent renforcer leur position juridique.

5. Activités utilisant du contenu, lorsque cela est autorisé :

Lorsque le contenu est autorisé, il est utilisé dans diverses industries, notamment la distribution, les médias et le divertissement, la publicité, la photographie d'archives, la programmation et l'innovation. Il joue un rôle important dans ces domaines en permettant l'utilisation légitime des ressources créatives.

En résumé, la diffusion de contenu est un élément essentiel de l'entreprise de création et de diffusion. Comprendre ses subtilités et ses complexités est fondamental pour les créateurs et les distributeurs de contenu, leur permettant de partager leur travail tout en gardant le contrôle de son utilisation, en protégeant leurs privilèges et en générant des revenus grâce à leurs publications .

7. Impression à la demande : les administrations d'impression à la demande (unitaires) constituent un avantage crucial dans l'édition indépendante. Ils permettent aux auteurs d'imprimer des livres à la demande, éliminant ainsi le besoin de tirages directs et les coûts de capacité. Cela garantit une méthodologie plus pratique.

8. Livres électroniques : les livres numériques sont un modèle bien connu dans l'édition indépendante en raison de leur commodité et de

leur ouverture. Les auteurs peuvent compiler leurs articles sur tablettes ou utiliser la gestion du changement assurée par des étapes de publication indépendantes.

9. Marque de créateur : Construire une marque de créateur est essentiel au succès à long terme. Les écrivains doivent réfléchir à leur spécialité de composition et à leur groupe d'intérêt idéal et créer une personnalité d'écrivain prévisible dans leurs œuvres.

10. Distribution : Les livres publiés de manière indépendante peuvent être distribués dans le monde entier via des détaillants en ligne et des librairies en profitant de l'impression sur demande. Certains auteurs choisissent également

d'explorer les modèles de disques pour plus d'ouverture.

L'édition indépendante, avec son potentiel de contrôle inventif et de productivité, offre une avenue passionnante aux auteurs et éditeurs locaux et internationaux. Quoi qu'il en soit, il est important de l'aborder avec une compétence, un dévouement et une bonne compréhension du marché. En fin de compte, l'édition indépendante offre aux créateurs la possibilité de partager leurs histoires et leurs compétences avec le monde selon leurs conditions.

SYNDICATION DE CONTENU

Le partenariat de contenu est un processus important dans la distribution numérique, et une stratégie peut vous aider, en tant qu'auteur et éditeur, à atteindre un public plus large. Cela inclut la republiation de votre contenu sur des sites ou des scènes externes pour étendre la portée et l'engagement de votre contenu. Voici un guide pour vous aider à explorer l'univers du partenariat de contenu.

1. Déterminez vos objectifs :
Avant de commencer votre partenariat de contenu, il est important de caractériser vos objectifs. Est-il prudent de dire que vous recherchez des escroqueries à

l'or, plus de trafic sur votre site Web ou, fondamentalement, un expert profane dans votre domaine ? Atteindre vos objectifs guidera votre système.

2. Contenu premium :
Le contenu de votre entreprise doit être de la plus haute qualité. Au fond, il est bien informé, élégamment composé et captivant. Un contenu de mauvaise qualité ne produira pas les résultats idéaux.

3. Sélectionnez les phases appropriées :
Identifiez les phases et les emplacements pertinents pour votre domaine d'expertise et votre groupe d'intérêt. Ceux-ci doivent avoir une bonne réputation et un bon niveau de trafic. Certaines des options les plus populaires incluent

Medium, LinkedIn et les sites Web spécifiques à un secteur.

4. Réutilisez, ne copiez pas :
Lorsque vous associez du contenu, essayez de ne pas le copier entièrement. Toutes choses égales par ailleurs, vous pouvez le réutiliser en effectuant de légères variantes, comme : Par exemple, utilisez un titre ou une présentation alternative, ou ajoutez de nouvelles unités de connaissances. Cela peut aider à éviter les problèmes d'optimisation du site Web liés à la copie de contenu.

5. Attribution légale :
Assurez-vous toujours de suivre l'attribution correcte de la première source. Cela sécurise vos droits et vous permet de travailler avec des

recherches et des robots d'exploration Web.

6. Accords de partenariat :
En supposant que vous travaillez avec des distributions plus importantes, elles peuvent avoir mis en place des règles et des accords de partenariat. Assurez-vous de bien comprendre ces termes et de suivre toutes leurs exigences.

7. Considérations pour améliorer la conception du site Web :
Gardez à l'esprit que le contenu des partenaires ne contribue pas autant à améliorer la conception de votre site Web qu'un contenu unique. Quoi qu'il en soit, cela peut certainement générer du trafic et mettre en valeur votre talent.

8. Cohérence :
Associez votre substance de manière cohérente. La cohérence est cruciale pour constituer un groupe de personnes et engager les lecteurs.

9. Développez le contenu de votre partenaire :
Dans le cadre du partenariat, vous développerez vos articles sur votre propre base, par ex. B. divertissement virtuel, brochures électroniques et votre site Web. Encouragez la conversation et la collaboration.

10. Analyser les résultats :
Utilisez des appareils d'examen pour suivre la présentation du contenu de votre partenaire. Affichez des mesures telles que le trafic, l'engagement et les

transformations. Ces informations peuvent vous aider à affiner votre système au fil du temps.

ÉCRITURE INDÉPENDANTE

Je peux certainement vous aider à composer de manière indépendante. En tant qu'essayiste et éditeur, ces données peuvent être précieuses pour votre travail. L'écriture indépendante peut être une carrière enrichissante qui vous permet de montrer votre ingéniosité et de vivre de votre passion. Voici un guide détaillé pour démarrer avec la composition indépendante :

1. Décrivez votre domaine d'expertise : Découvrez quels sujets ou cours vous intéressent généralement et quelles connaissances vous possédez. Cela vous aidera à découvrir votre domaine d'expertise et à vous concentrer sur les bons clients.

2. Créez un portfolio : rassemblez vos meilleurs tests d'écriture. Si vous débutez, pensez à rédiger des articles de test ou des articles de blog sur des sujets qui vous intéressent pour mettre en valeur vos compétences.

3. Établissez une présence sur Internet : créez un site ou un blog d'experts sur lequel les clients potentiels peuvent vous regarder de plus près. C'est un moyen fondamental de développement personnel.

4. Étapes indépendantes : rejoignez des sites d'externalisation comme Upwork, Consultant ou Fiverr. Ces étapes mettent en relation les journalistes avec des clients à la recherche de contenus différents.

5. Réseau : participez à des rencontres et à des studios d'écrivains et rejoignez des réseaux d'écrivains. L'administration système peut vous aider à communiquer avec les clients attendus et d'autres scientifiques.

6. Présentation et recommandations : faites des présentations et des suggestions individuelles lors de la rédaction des positions. Montrez vos compétences et comment vous pouvez offrir une incitation au client.

7. Recherchez vos clients : Avant d'entreprendre une tâche, recherchez vos clients pour vous assurer qu'ils sont réputés et qu'ils paieront pour votre travail.

8. Tarification : Déterminez votre structure de notation. Vous pouvez facturer par mot, par heure ou par projet. Recherchez les normes de l'industrie pour fixer des tarifs réputés.

9. Utilisez votre temps de manière productive : La composition indépendante nécessite un niveau élevé de compétences en matière d'utilisation du temps. Fixez et respectez les heures limites pour conserver le statut d'expert.

10. Contrats : créez toujours un accord écrit avec vos clients. Celui-ci doit préciser l'étendue des travaux, les modalités de paiement échelonné et les heures limites.

11. Révisions : soyez prêt à apporter des modifications face aux critiques des clients. Une correspondance claire est importante.

12. Apprentissage continu : restez au courant des modèles et des procédures d'écriture. Le secteur de l'écriture évolue, alors continuez à développer vos compétences.

13. Dépenses et fonds : surveillez vos salaires et vos dépenses à des fins comptables. Pensez à demander conseil à un conseiller financier.

14. Construire une marque : sur le long terme, travaillez à développer les points forts d'un essayiste. La cohérence de la qualité et du style peut vous aider à vous démarquer de la foule.

15. Marketing : faites la promotion de votre administration par le biais de divertissements sur le Web, de publications sur un blog et d'autres méthodes de présentation pour attirer des clients supplémentaires.

16. Surveiller les licenciements : Les licenciements sont importants pour le secteur de l'écriture indépendante. Profitez-en et passez à autre chose.

17. Restez compétent : restez à jour avec des compétences incroyables tout au long de votre engagement avec les clients, même si vous avez des clients problématiques.

N'oubliez pas qu'écrire de manière indépendante peut être un défi, mais qu'avec du dévouement et de la cohérence, vous pouvez bâtir une carrière réussie. Une sortie sur le terrain implique un apprentissage constant et une adaptation aux besoins changeants de l'entreprise. Je vous souhaite bonne chance dans vos tentatives d'écrire par vous-même et j'espère que ce guide vous aidera dans votre parcours en tant qu'essayiste et écrivain.

Service de marketing de contenu

La promotion de contenu comprend diverses administrations qui peuvent vous aider à atteindre vos objectifs. Voici quelques considérations essentielles à prendre en compte :

Création de contenu : c'est l'objectif de la présentation du contenu. D'excellents articles, billets de blog, notes, infographies et bien plus encore peuvent être créés de toutes les manières imaginables pour attirer votre public. La clé est de fournir des données importantes qui trouveront un écho auprès de vos lecteurs.

Amélioration de la conception du site Web : il existe un besoin urgent de garantir que votre contenu est amélioré par les robots d'exploration du Web. Cela comprend la recherche de mots clés, l'amélioration de la conception de sites Web sur la page et les procédures d'établissement de liens externes pour déterminer le caractère trompeur de votre contenu dans les index Web.

Divertissement sur le Web Les dirigeants : Une présentation de contenu réussie implique souvent de faire évoluer votre contenu à travers différentes étapes du divertissement sur le Web. Pour cette aide, il est important de prendre soin de votre présence de divertissement en ligne, de créer du contenu partageable et d'attirer votre public.

Promotion par e-mail : cette aide comprend la création et l'envoi de missions par e-mail à vos supporters. C'est un excellent moyen de soutenir les prospects, de créer des liens et de tenir votre public informé.

Appropriation du contenu : il est essentiel de présenter votre contenu au bon public. En utilisant différents canaux d'appropriation, par ex. B. Les publications de visiteurs sur certains sites Web ou le recours à des partenariats de contenu peuvent élargir votre portée.

Examen et annonce : pour évaluer la viabilité de vos efforts de présentation de substances, il est essentiel d'examiner les informations. Il vous aide à prendre des décisions éclairées et affine vos techniques.

Améliorer la méthodologie de contenu : la création d'une procédure de substance adaptée à vos objectifs commerciaux est d'une grande importance. Cela inclut la caractérisation de votre audience, la création d'un plan de contenu et la planification du type de contenu que vous souhaitez créer.

En tant qu'essayiste et éditeur, vous bénéficiez d'un avantage unique dans le monde de la publicité substantielle. Il est important que vous maîtrisiez la capacité de vous connecter à du matériel bien organisé et linguistiquement solide. Associer cela à des services de présentation appropriés et joyeux vous aidera à atteindre un public plus large et à atteindre vos objectifs, qu'il s'agisse de faire progresser votre propre travail ou de soutenir d'autres organisations dans leurs efforts promotionnels.

N'oubliez pas que le chemin vers une publicité de substance efficace ne consiste pas seulement à créer du contenu, mais également à comprendre les besoins et les inclinations de votre public et à transmettre de manière fiable un contenu qui l'intéresse. Cette approche individuelle peut avoir un impact significatif sur le succès de votre publicité pour des substances.

Le marketing d'affiliation

La promotion des adhésions est un plan d'action dynamique et utile basé sur Internet qui a gagné en notoriété tant au niveau mondial que local. En tant qu'essayiste et écrivain, vous connaissez probablement cette idée ; Il faudrait cependant y réfléchir plus en détail.

À la base, la vitrine en magasin est une technique de présentation basée sur la présentation dans laquelle des individus ou des organisations font la promotion de produits ou de services via des connexions dérivées basées sur leurs fondations. Ces étapes peuvent être des sites Web, des journaux Web, des divertissements en ligne ou même des brochures électroniques. Lorsqu'un invité de votre fondation utilise une connexion affilié et effectue un achat, vous recevez une commission.

Voici un aperçu des éléments cruciaux du recrutement des membres :

Recherchez des projets d'affiliation : une fois que vous avez choisi un domaine d'expertise, vous devrez identifier les programmes dérivés qui proposent des articles ou des services liés à votre domaine d'expertise. De nombreuses organisations, d'Amazon à certaines boutiques en ligne, proposent des programmes d'affiliation.

Création de contenu : En tant qu'essayiste et éditeur, votre solidarité réside dans la création de contenu. Vous pouvez créer des articles, des articles de blog, des critiques d'articles, des enregistrements ou tout autre contenu incluant des articles ou des administrations dérivés. Votre contenu doit être éducatif et favorable à votre public.

Publicité : Vos connexions secondaires doivent être clairement ancrées dans votre entreprise. Il est important de vendre des articles ou des services d'une manière qui ne semble pas trop promotionnelle. Dans l'ensemble, il s'agit de prendre en compte les besoins et les problèmes de vos lecteurs, avec l'article partenaire comme réponse.

Suivez une enquête : La plupart des programmes d'adhésion proposent les outils suivants pour vous aider à revoir la présentation de vos contacts. Ces informations sont cruciales pour optimiser vos efforts publicitaires.

Conformité : il est important de se conformer aux politiques de publicité des affiliés et aux exigences de divulgation, tant au niveau mondial que local. Exprimez vos relations avec les membres évidemment dans votre substance.

Établir la confiance : la confiance est la clé du développement des membres. Vos lecteurs doivent faire confiance à vos suggestions. Il est donc important de dire la vérité et de recommander uniquement les produits ou services que vous appréciez vraiment.

Évoluez et développez : à mesure que vous obtenez des informations et des résultats, vous pouvez intensifier les efforts de présentation de vos membres en les rendant plus heureux, en vous aventurant dans des domaines d'expertise connexes ou en explorant divers projets parallèles.

Apprentissage constant : la scène du support aux partenaires évolue constamment et de nouvelles procédures et dispositifs apparaissent. En tant qu'essayiste et éditeur, rester à jour est important pour votre réussite.

En résumé, la présentation de ramifications offre aux journalistes et aux éditeurs une excellente opportunité d'adapter leur contenu tout en diffusant des informations importantes à leur public. En vous concentrant sur un contenu de qualité, en instaurant la confiance et en affinant continuellement vos méthodes, vous pouvez bénéficier de la présentation de vos affiliés à la fois localement et mondialement.

COURS EN LIGNE ET E-LEARNING

Les cours en ligne et le e-learning ont récemment changé le lieu de la préparation. En tant qu'auteur et éditeur, vous êtes probablement conscient de l'impact fondamental que ces systèmes d'apprentissage modernisés ont eu sur le marché en général et sur les marchés environnants. Pouvons-nous entrer plus en détail sur ce sujet ?

L'essor du tutorat sur Internet :

Internet a ouvert d'énormes possibilités permettant aux individus d'accéder aux données et aux capacités dans le confort de leur foyer. Grâce à la méthodologie des cours en ligne et des phases d'apprentissage en ligne, les gens ont aujourd'hui la possibilité d'apprendre à leur propre rythme et selon leurs propres envies. Cela a conduit à une démocratisation du conseil ainsi qu'à des barrières géographiques individuelles.

Offre de cours :

L'un des aspects les plus intéressants de l'e-learning est le grand nombre de sujets et d'axes disponibles. Des matières académiques comme la science et l'histoire aux compétences du monde réel comme la programmation, la cuisine et, étonnamment, l'écriture exploratoire (qui est particulièrement pertinente pour votre profil), il y en a pour tous les goûts. Les cours en ligne répondent aux différents intérêts et besoins des étudiants.

Gamme totale :

En tant que distributeur généraliste et de proximité, vous avez probablement constaté la portée globale des conseils en ligne. Les étudiants et les professionnels peuvent suivre des cours proposés par des écoles et des experts du monde entier. Cette mondialisation des conseils ouvre des opportunités supplémentaires pour la création de contenu, car vous pouvez penser à distribuer du matériel qui trouvera un écho auprès d'un groupe global plus large.

Apprentissage adaptatif :

Les phases d'apprentissage en ligne combinent souvent des impulsions d'apprentissage flexibles qui modifient les opportunités de développement. Cette mode est basée sur les besoins et les styles d'apprentissage de chaque élève. C'est un endroit passionnant pour les auteurs et les éditeurs, car la création de contenu flexible et engageant peut poser des limites importantes.

Défis et opportunités d'entrée :

Si la préparation à Internet offre divers avantages, elle comporte également des problèmes. Par exemple, le cambriolage dans le domaine scientifique constitue une préoccupation fondamentale. En tant qu'auteur et éditeur, clarifiez la signification d'un contenu exceptionnel. Tenez compte des priorités de recherche telles que la falsification de preuves reconnaissables et des moyens de prendre conscience de la fiabilité des conseils en ligne.

Le destin inévitable du leadership :

Bref, cours en ligne et e-learning vous attendent. En tant qu'auteur et éditeur, vous pouvez jouer un rôle important dans l'élaboration du destin de l'écriture en diffusant un contenu remarquable et de haute qualité qui fait progresser les opportunités de croissance en ligne. À mesure que l'univers de l'apprentissage en ligne continue d'évoluer, votre travail global peut contribuer à améliorer les données et les capacités.

Financement participatif et cadeaux

Sont deux éléments fondamentaux du financement de diverses entreprises imaginatives, notamment dans le domaine de la composition et de la distribution. En tant qu'essayiste et éditeur, vous êtes probablement conscient de l'importance de ces stratégies de financement tant à l'échelle mondiale que locale.

Financement participatif:

Le financement participatif a énormément pris d'importance ces dix dernières années et offre aux journalistes et distributeurs la possibilité de financer leurs projets.

Des plateformes comme Kickstarter, Indiegogo et GoFundMe offrent aux gens la possibilité de partager leurs idées créatives et de recevoir le soutien financier d'un large public. Les chercheurs peuvent utiliser ces phases pour subventionner leurs projets de livres, tandis que les éditeurs peuvent envisager le financement participatif pour soutenir des distributions uniques ou une pensée créative.

La voie vers un financement participatif réussi réside dans la création d'une histoire captivante qui trouve un écho auprès des bienfaiteurs potentiels. Votre expérience en tant qu'essayiste est une ressource importante. Parlez de votre tâche, de son importance et des raisons pour lesquelles les gens devraient vous aider. Offrez des récompenses alléchantes en tant que sponsors, par ex. Par exemple, des doublons marqués de votre livre, du contenu sélectionné ou un inventaire limité de versions.

S'engager avec la foule est crucial tout au long de la mission. Des mises à jour régulières, des cartes de remerciement et, étonnamment, du contenu d'arrière-plan peuvent vous aider à suivre l'enthousiasme de vos alliés.

Faire un don:

Les cadeaux, en revanche, constituent souvent une forme plus simple de soutien financier pour les scientifiques et les distributeurs. Ils peuvent provenir de diverses sources, notamment de personnes qui apprécient votre travail, d'associations artistiques ou de récompenses institutionnelles.

Lorsque vous recherchez des cadeaux, il est important de souligner la valeur de votre composition ou de votre don à la société, à la culture ou à un territoire spécifique. Mentionnez vos réalisations et comment votre aide antérieure a contribué à votre prospérité. Les demandes individuelles et sincères peuvent être extrêmement viables.

Envisagez de vous associer à des bibliothèques, des écoles ou des associations professionnelles à proximité qui pourraient être intéressées à soutenir vos efforts de composition. L'établissement de relations solides avec ces institutions peut ouvrir de précieuses portes aux cadeaux, surtout si votre travail correspond à leurs buts et objectifs.

Au total, le financement participatif et les dons jouent un rôle crucial dans l'existence d'un essayiste et d'un éditeur. Utiliser vos compétences rédactionnelles pour créer des comptes convaincants et interagir avec votre public est essentiel au succès dans ces deux voies de subvention. Que vous recherchiez une aide mondiale via le financement participatif ou un soutien local via des cadeaux, votre capacité à raconter une histoire captivante améliorera considérablement vos opportunités d'avancement financier dans le domaine de l'écriture et de la distribution.

VÉRIFICATION DU CONTENU :

Bien entendu, en tant qu'essayiste et auteur, je peux vous confier la direction et la rédaction de votre contenu. L'évaluation et la modification du contenu sont des phases importantes dans le processus de création et de distribution.

Examen du contenu :

Importance du contenu : assurez-vous que votre contenu est cohérent avec le message et le public attendu. Le point est-il clair et répond-il aux problèmes que vous avez lus ?

Construction et électricité : Vérifiez si votre matériau a une structure uniforme. Cela devrait commencer par les points forts, suivis par les thèmes centraux efficaces, et enfin se terminer.

Clarté et compacité : assurez-vous que vos textes sont compréhensibles et concis. Évitez le langage ou les phrases trop complexes qui pourraient dérouter le lecteur.

Langue et accentuation : Corrigez les éventuelles erreurs de syntaxe et d'accentuation. Assurez-vous que votre contenu suit les directives d'un anglais approprié.

Ton et voix : assurez-vous que le ton et la voix de votre contenu correspondent au sujet et au public.

Édition :

Relecture : vérifiez soigneusement votre contenu pour détecter les erreurs typographiques, les fautes d'orthographe et les petits faux pas linguistiques.

Réécrire : si cela est important, retravaillez des zones de votre contenu pour améliorer encore la clarté, la solidité et la qualité globale.

Vérification des faits : confirmez l'exactitude de tous les faits ou données contenus dans votre matériel.

Cohérence : assurez-vous d'une utilisation cohérente du style, de l'arrangement et de la formulation tout au long de votre travail.

Citations : assurez-vous que toutes les sources ou références sont correctement citées, en supposant que votre contenu contient des explorations ou des citations.

Commentaires : envisagez de solliciter les critiques d'autres personnes, telles que des lecteurs bêta ou des auteurs individuels, pour obtenir des perspectives alternatives sur votre travail.

N'oubliez pas qu'en tant qu'essayiste et écrivain, il est essentiel que vous gardiez un œil sur la qualité et l'honnêteté de votre écriture. Allez-y et donnez-nous plus d'informations sur la substance spécifique pour laquelle vous avez besoin d'aide et je pourrai vous fournir des conseils plus personnalisés.

www.ingramcontent.com/pod-product-compliance
Lightning Source LLC
Chambersburg PA
CBHW062255290526
45794CB00006B/2561